Caminho para o grito

ao silêncio que precede a voz

Sumário

isto não é um poema, 8

PARTE 1
ASSOALHO DA MEMÓRIA

o silêncio do sol, 14
soletrando, 15
dialética de quinta-feira, 16
fala oito frases e dá risadinha, 18
os ponteiros, 20
aos treze, 21
para sempre sem título, 22
cassandra, 23
calcinhas de babados, 24
e o silêncio, 25
numerologia, 26
windows xp, 27
predicado nominal, 28
incumbência, 29
definição, 30
potty training, 31
trívia, 32

PARTE 2
SE UMA MULHER
PODE SER LIVRE

condicional, 38
caraíba, 40
ampulheta, 42
queima de arquivo, 43
uma lei, 44
o nó, 45
agitar uma bandeira, 46
os fragmentos, 47
lei federal 2140, 48
as mulheres primeiras, 49
destino, 51
fechadura, 52
água cinza, 53
vênus de willendorf, 54
uma mulher má, 55

PARTE 3
DANÇA NO LIMIAR

anatomia, 62
conjura, 63
psicopompo, 64
canção de fogo, 65
tocha, 66
salinização, 67
torniquete, 69
inundação, 70
limiar, 71
totem, 72
o avesso da mulher, 73
mandíbula, 75
imputação, 76
Hekate, 77

Sobre a autora, 79

isto não é um poema

minha amiga foi estuprada
aos vinte
minha amiga
foi estuprada
aos dez
a minha
amiga
foi estuprada
aos cinco
a minha amiga
foi estuprada
enquanto comemorava
quarenta

eu poderia fazer
disto poema

uma denúncia
um manifesto
uma crônica
um campo aberto

mas minha amiga
foi estuprada ontem
minha amiga foi
estuprada
hoje

e nada mais
merece
verso

PARTE 1

assoalho
da memória

o silêncio do sol

uma mão me toca
eu encolho
pequeno verme de inocência
sou parasita
de bruços sobre a cama

me alimento do meu medo
das pernas de menina
do universo
de repente
modificado

nunca mais
reconhecerei aquela garota
criança dedilhada no escuro

e pior seria
se fosse dia
e estivesse claro

soletrando

conhecer o falo
pelo súbito
de sua imposição

inexprimível
incompreensão

os olhos escuros
evitando o terrível
que sequer nomeia

porém o corpo alarma

o que a língua menina
silencia
o diminuto corpo
fala

dialética de quinta-feira

aprendi a solidão
dos nomes
dos homens

guardo como tesouro
o triunfo
de um poema escrito

e digo
pelo menos estou
finalmente
falando disso

me conformo
e contorno
as quinas
de cada dia
noite rua casa
colchão e piso

de cada partido
riso

de todas as vezes
em que o mundo
o meu mundo
tão pequeno
me foi invertido

aprendi rápido
e com louvor
que cada olhar
tem um tom
que cada abraço
tem um som
e por dentro
sou sempre
grito

mas eu digo
e eu repito
ah sim
a solidão
dos nomes
dos homens
mas
pelo menos
finalmente
estou falando disso

fala oito frases e dá risadinha

quando menina
tinha gosto por maltratar
bonecas

arrancava-lhes os cabelos
pintava seus olhos
de preto

segurando seus braços
frouxos
enxarcava seus miolos
partia em tantos
pedaços
a caixa com baterias

que repetia

mamãe;

não era um puro
desejo sádico
talvez uma precoce
rejeição

mas destruir
é também criar

e matar bonecas
de plástico
era inventar
revolução

os ponteiros

o tempo contado
na passagem
do medo

pequena
ainda não sabe
dizer as horas

sabe do tempo
que corre
e que se morre
deixando
se espatifarem
as lágrimas

sabe
que o tempo falha
e que às vezes
seu assombro
vem na madrugada

sem lençóis
que a protejam
o tempo então
finalmente
para

aos treze

a sangria
entre as pernas
compulsória

o terrível
assoalho
da memória

para sempre sem título

já tem pelinhos lá
embaixo
é a primeira vez
dessa boca
não acredito
na idade
parece dezoito
parece formada
gorda é quase o mesmo
que encorpada
já sabe dar
sem incomodar
com lágrimas?

cassandra

maculação inverossímil
assombrosa
criação

o corpo violado
carece
de aprovação

pior
é o mito
das mulheres
e abraços

cada canto
parte menina
parte enlaço

calcinhas de babados

calcinhas de babados
para meninas
tristes

sempre depois
do programa do jô soares
sempre durante
o cochilo quente da tarde

calcinhas de babados
para meninas

calcinhas
de babados
tristes
para meninas
mais
tristes

ainda

e o silêncio

a saliva fecal
do homem
e a língua cascalho
controle incontido

a nudez pálida
sobre meu corpo
vencido

numerologia

treze é meu número
de morte

foi quando uma
máscara
caiu

diante do meu
corpo
infantil

windows xp

ele me disse
sonhei
que levavam
meu computador
e minha vida
acabava
preciso parar

mas antes

me diga
qual a cor
da sua infância
e como cheira
seu olhar

enquanto te obrigo
a ver
fotos de crianças

predicado nominal

sinto pena
das palavras
que uso para contar
histórias

solitárias são boas
talvez neutras
apenas letras

no entanto
em minhas mãos
são forçadas
a memória

incumbência

cuidado com o que deseja
pois o desejo é senhor do corpo
cuidado, menina
com o que você deseja
com o que arde
agitando as brasas
subindo a fumaça
como oferenda
ao desejo não dê presentes
pois o desejo é pacto
e seu nome é definitivo
o desejo, menina
para sempre em seus lábios
em seus dedos e olhos
trazendo o fardo
da liberdade perdida

definição

telhado
quebrado
com gente
morando
dentro

potty training

ainda bem
que não sou criança

tenho dentes
tato deslizes
temores
excretores

ainda bem
que já passei
da fase dos horrores

trívia

três faces
de mulher
na encruzilhada

a rebeldia
sou eu menina
abrindo estrada

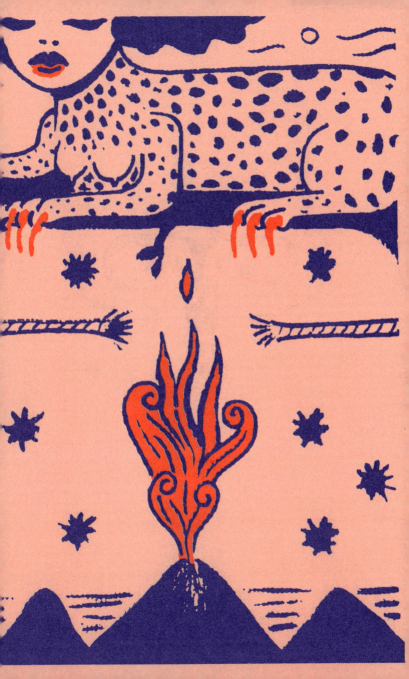

PARTE 2

se uma mulher pode ser livre

condicional

como se captura
o instante
em que nos sentimos
libertas

eu tinha
treze anos
quando imaginei
a liberdade

e me pergunto
aos trinta e três
se uma mulher
pode
ser livre

se pode
arrepender-se
manchar a própria
honra
perder o rumo
trancar os olhos
tirar leite da pedra
que obstrui o seio

se uma mulher
pode ser livre
aos trinta
ainda arrastando
a ingenuidade
dos treze

caraíba

era quarta-feira
vinte e três horas
e um homem se masturbava
na esquina

na avenida do estádio
do palmeiras
de calças caídas
de falo para cima

eu estava de táxi
e congelada
esqueci a polícia

porque não existe farda
sirene
ameaça armada
que jogue ao chão
a imagem do trauma

eu sempre retorno ao dia
do homem que se masturbava

lembro dos faróis ligados
da rua silenciada

e se eu tivesse ligado reclamado
se eu tivesse denunciado
o que mudaria de que forma
um celular reverteria
o horror criado

um homem se masturbava
na esquina
e seu rosto branco suado
até hoje me perturba
gravado

ampulheta

que tivesse dito ontem
tempo de coisas ditas
hoje eu deixo cada sílaba
sibilo solto
voar por cima

tem dia que dura
dois dias
e depois nunca mais
pode durar

o prazo das frases
vai se acabando
e depois
não adianta
é perdido o esforço
de juntar

queima de arquivo

meu presságio
é sempre enfático:
tenha um pouco
de medo

quando a verdade vier
será morta
como segredo

uma lei

o que se perde
aqui se paga

o nó

pelas trompas
sou laçada
viro causo
viro acaso

sou qualquer coisa
entre mulher
animal
e atraso

agitar uma bandeira

onde são presas
as tolas as fracas
as fortes as vontades

quando presas
pisamos na terra
da igualdade

os fragmentos

as palavras
forçadas
sempre acabam
partidas

lei federal 2140

a mulher cresce
cadela

precisa escapar
das esquinas
precisa sacudir
a cauda
precisa abaixar
as orelhas

uma cadela
como ela
não rosna

não late
não gane
não chora

seu rito
de passagem:

uma focinheira
inflamadora
de miragens

as mulheres primeiras

tantas mulheres
são queimadas
vivas
sem que antes
suas revoltas
possam ser
ditas

elas me visitam
nos pesadelos noturnos
tocam meu corpo
por tempos e eras
e mundos

as mulheres
queimadas
ainda são
aquelas

são ainda
as mulheres górgonas
são ainda
as mulheres sereias
são ainda
as mulheres primeiras

filhas do primitivo
coxas e ventres
fartos
adoradas encantadas
usadas descartadas
são mulheres
de quatro

escórias
manchas no coletivo
da memória
são as mulheres
que me embalam

porque quando tenho
pesadelos
suas longas unhas
arrepiam meus pelos
e elas murmuram
assim como nós
não tenha medo

destino

ser como hidra
fêmea de mil cabeças
afirmando a matéria
de um corpo
contradito

ser inseto mínimo
emoldurável
voando incrédula
libélula
de muitas asas

ainda que eu diga
este corpo é meu
serei bicho no mundo
inteira animalesca
rejeitada
aguardando a lâmina
ou a palma

fechadura

tenho a chave
desse sigilo
desenho círculos
quero contá-lo
porém
a revelação
ainda
custa caro

água cinza

digo que tudo se acabará
amanhã
os esgotos serão rios
e nadarei junto aos ratos
recolhendo os corpos
das que não
mergulharam

vênus de willendorf

admiro
as mulheres fracas
que gotejam
o sangue atemporal
e caladas
expelem corredeiras

quase morrem
quase matam
as mulheres
fracas
serão sempre
as primeiras

uma mulher má

dizem
que não devo escrever
tristezas
violências absurdos
finais inacabados
ou a decadência
do mundo

me querem
política
como são as palavras
de ordem
me querem
assertiva
forte mas intuitiva
querem que eu saiba
como compensar os séculos
as pedras as balas
os tapas na cara

porém
eu jamais soube
ser feliz
o que escrevo
como soltando
pistas

é minha pele
que pouco explica

dias
de laços cortados
de cordas que esperam
o deslize
um pequeno passo
para que haja o fim
medíocre
que não quis honrar
os fatos

dizem
que uma mulher
como eu
deve saber
suas responsabilidades
o que representa
e carrega
como verdade
porém
minhas mulheres
são covardes
sujas más
e cheias de vontades
gostam do sangue
empoçado

e do adeus
não mencionado

quero
acima de tudo
defender
meus finais tristes
abertos
rodando a pílulas
incertos
com cheiro de ferro
e que são péssimos

dizem
que é hora
de reparação
mas no meu texto
talvez não

é possível
que eu escreva
somente
destruição

PARTE 3

dança
no limiar

anatomia

o corpo
conhece a rebeldia
e o sangue
é correnteza
de irreverências

o corpo
é eterna iconoclastia
suporta as marés
bravias
dança sobre espinhos
uiva
enquanto é dia

o corpo
conhece seus instintos
a fuga a luta
o abrigo
o corpo faz
da necessidade
o caminho perfeito
para o grito

conjura

aos meus carrascos
três espinhos de rosa
meio litro de urina
pimenta-caiena
cacos de vidro
uma conjura de maldição

aos meus carrascos
uma única intenção

psicopompo

escrevo
para as mulheres
mortas

as que atendem
ao chamado
do meu sino

mulheres mortas
sentem-se
comigo

canção de fogo

danço
entre véus negros
na penumbra
das recordações

cravo as unhas
escuras
no pulso cálice
lambendo o rio

um pássaro
pousa
sombra
dou-lhe o nome
de bravio

tocha

as chamas de ira
se avolumam
em meus cabelos

ser monstruosa
gigante
e pavorosa

ser mais
que a chaga

arder coragem
queimar ameaça

salinização

não darei continuidade
à semente
feminina
de mim não sairá
outra vítima

renego meu poder
biológico
em mim se encerra
o terror

nenhuma garota
enfrentará o mundo
os homens
as câmeras
as orelhas furadas ao nascer

de mim
nenhuma vítima
irá crescer

interrompo o ciclo
do meu líquido
que se coagulará

porque a partir
do meu corpo
nenhuma outra
garota
sangrará

torniquete

onde está a verdade
da que vive
enquanto sangra
e da que dança
enquanto triste

onde está a verdade
da que resiste

inundação

afunde comigo
encha seus pulmões
de saliva
a que escorreu
no pranto
a que anteviu
o dilúvio

afunde comigo
mulher chorosa
morreremos juntas
imundas

então seremos lavadas
pelas ondas

mas afunde
afunde
rejeite os braços
estendidos
e negue
a misericórdia

limiar

há ainda o fôlego
que passa pelas frestas
aquecendo silêncios
se esgueirando
pelas crateras

o fôlego do que vive
o último respirar

mas há ainda
o suspiro
que dança livre
no limiar

totem

meu manto é o couro da égua
que corre entre os ciprestes
pisoteando a morte

é o eco dos truques
dos sustos
que espantam a sorte

equina
sou sensível ao impossível
e guardo no meu corpo
a febre do invisível

o avesso da mulher

mostre
mulher
suas vítimas
os corpos tombados
o sagrado interminável
ritualística da abominação

mostre
mulher
a sua feição
a distorção
de seu rosto
a indignação

será isso justiça
vingança reparação
um curativo um remendo
temporário unguento
me mostre
seu sacramento

sacerdotisa
da morte
dona das passagens

permita a viagem
das mortificadas
exiladas torturadas
dessignificadas

que tudo vire neblina
o sol se ponha no leste
ao avesso se revele
mulher
divindade
peste

mandíbula

minha sombra
tem ombros
fortes
carrega
em sua hipertrofia
três treze trinta
faces
mordidas

imputação

carrego teu corpo
olhos boca coração
nas patas
suadas
que resguardam o futuro

duas tochas
tremulam
dançando o passado
e não me curvo

teu corpo é frágil
manchado ferido
mas não ressequido
teu corpo é presente
regurgitando
os fatos
escondidos

Hekate

três serpentes me acariciam
do submundo
busco minha face
sombria

sou a menina destinada
à danação
aquela que sangrou cedo

três serpentes sentem
meu corpo
coroada de chifres
de cervo

a menina destinada
ao espelho negro

três serpentes
se tornam meu corpo
luz das criaturas
e diabruras

a menina presenteada
com o punhal
e a coragem de cortar

ardendo em chamas azuis
o desejo
de rasgar

Nascida em Juazeiro do Norte, Cariri (CE),
em 12 de fevereiro de 1991, Jarid Arraes é
escritora, cordelista e poeta. Autora de obras
traduzidas para francês, espanhol, italiano e
inglês, publicou o romance *Corpo desfeito* e o
premiado livro de contos *Redemoinho em dia
quente*, vencedor dos prêmios Biblioteca Nacional
e APCA, além de finalista do prêmio Jabuti.
Jarid é mentora de escrita, criou o *Hub Górgona*,
que trabalha o tema do trauma na literatura,
e ministra cursos como *Escrevendo o Trauma*.
Também é autora do livro de poemas *Um buraco
com meu nome*, da coletânea *Heroínas negras
brasileiras em 15 cordéis*, de *As lendas de Dandara*
e da obra infantil *Cordéis para crianças incríveis*.
Atualmente vive em São Paulo (SP).

ESTA OBRA FOI COMPOSTA POR
ELISA VON RANDOW EM HAL TIMEZONE
E MORO E IMPRESSA EM OFSETE PELA
GRÁFICA BARTIRA SOBRE PAPEL PÓLEN BOLD
DA SUZANO S.A. PARA A EDITORA SCHWARCZ
EM JULHO DE 2025

A marca FSC® é a garantia de que a madeira utilizada na fabricação do papel deste livro provém de florestas que foram gerenciadas de maneira ambientalmente correta, socialmente justa e economicamente viável, além de outras fontes de origem controlada.